~~Guillaume~~ Claude de Lisle p.er des historiens geographes de cette famille mourut en 1720. son fils Guillaume en 1726. C'est de ce dernier que sont les meilleures Cartes. Les freres de Guillaume dont le dernier n'est mort qu'en 1768. etoient aussi astronomes et geographes mais ils ne s'aidoient par le commerce de Cartes, C'est Buache gendre de Guillaume qui en a eu le fond, y a fait quelques corrections, et les debite, comme Jaillot celles de Sanson. Il a publié plusieurs catalogue de leurs atlas dont celuy de 1733. est le plus recherché parcequ'il annonce des Cartes que M.M. de Lisle devoient donner, mais qui n'ont jamais paru.

## OCCEAN SEPTENTRIONAL

# LETTRE

*DE M.***, A M. REMOND de Sainte Albine, au sujet des nouvelles tentatives, faites par les Anglois pour passer de la Baye d'Hudson dans la mer du Sud.*

JE vous ai déja communiqué, Monsieur, une Traduction qui m'a été remise, de l'Histoire abregée des découvertes faites en dernier lieu par les Moscovites, qui ont enfin appris que le passage est ouvert par le détroit de Weigatz, & qu'on pourroit absolument pénétrer par le Nord-Est à la mer du Sud, au Japon, à la Chine & aux Moluques : la petite Carte, qui y est jointe, est plus exacte qu'aucune de celles qui ayent été publiées en ces derniers tems, ayant été tirée ou réduite d'après celles de l'Atlas Russien, imprimé il y a deux ans à Pétersbourg, & qui s'est vendu chez Briasson.

Il faut aussi convenir qu'il y auroit de très-grandes incommodités, & des périls à essuyer dans cette nouvelle navigation, laquelle seroit d'autant moins praticable, que nous sçavons enfin aujourd'hui qu'il seroit nécessaire de côtoyer la Tartarie dans la Zone Glaciale, & qu'il n'y auroit rien de plus pénible que d'aller doubler le Cap le plus septentrional de l'Asie après de 73 degrés de latitude, par une longitude qui s'étend au moins de 30 degrés plus vers l'Est, qu'on ne se l'étoit imaginé. Ces circonstances ont vraisemblablement fait tourner les vûes nouvelles de ceux qui cherchent le passage par le Nord, du côté de l'autre navigation, c'est à-dire vers celle qui a été tentée autrefois au Nord-Ouest, mais sur tout par la Baye d'Hudson.

Car outre que la navigation qu'on pourroit entreprendre de ce côté-là, seroit bien moins longue & périlleuse que l'autre, sur tout si l'on partoit des Colonies d'Amérique, il faut d'ailleurs considérer qu'à peine y doit-on rencontrer des glaces, le passage qu'on se flatte de trouver par le Nord-Ouest, étant dans la Zone Tempérée, vers le soixante-troisiéme degré de latitude.

On va publier incessamment en François une Collection générale des differentes navigations, faites depuis environ deux cens ans, pour trouver un passage par le Nord-Ouest : mais on aura le plaisir d'y voir que les dernieres navigations faites par les Anglois ont donné de grandes esperances de le découvrir, en pénétrant à la mer du Sud par le Nord-Ouest de la Baye d'Hudson. Au reste, si l'on n'a point encore réussi dans une semblable découverte, la faute en doit être rejettée sur ceux qui ont commandé la derniere expédition, & qui en sont revenus l'année derniere : il est fâcheux que des vûes prochaines d'intérêt fassent communément échouer les plus grandes entreprises.

Cependant, supposé qu'on trouvât un libre passage par le Nord-Ouest de la Baye d'Hudson, est-il douteux qu'une pareille découverte ne pût causer une révolution subite dans le commerce, & dans les établissemens des Nations les plus puissantes de l'Europe ? Le mauvais succès des Flottes, envoyées par la Nation Angloise dans les expéditions les plus éloignées, n'est pas suffisante pour la décourager, & supposé qu'il n'y eût rien à craindre immédiatement après la découverte d'un semblable passage pour nos Colonies Françoises en Amérique, ni pour les Villes du Roi d'Espagne, situées à la côte de la mer du Sud, on ne peut nier cependant que les Philippines ou les Moluques ne fussent bientôt menacées.

L'esperance de ceux d'entre les Anglois, qui désirent le plus vivement de trouver ce passage, est principalement fondée sur les trois articles suivans. Aussi est-ce dans cette opinion qu'ils vont y envoyer de nouveaux Vaisseaux & d'autres Commandans. Car 1°. on trouve de très-grandes marées, & des courans bien rapides, au Nord-Ouest de la Baye d'Hudson. En second lieu, toutes les rivieres qui tombent dans cette mer du côté de l'Oueſt, ſont peu conſidérables, même à leur embouchure, ce qui indique aſſez que leurs ſources ne ſçauroient être bien éloignées, & que le continent eſt peu étendu vers l'Oueſt. Le troiſiéme argument eſt tiré, comme on le verra ci-après, de l'apparition & du peu de ſéjour des baleines

Or ſi l'on ſe donne la peine de jetter les yeux ſur le Globe de Senex, qui ſe voit dans le Cabinet du Jardin Royal, ou ſur les dernieres Mappemondes ou Cartes publiées depuis quelques années, comment peut-on prétendre (n'y en ayant pas une ſeule preuve) que la Californie s'étend juſqu'aux environs du Kamſchatka? Cette opinion de *Behring*, & de quelques modernes qui ſeroient tentés de l'introduire, n'eſt autre choſe qu'une opinion ancienne & ſurannée, comme on peut s'en convaincre par la Mappemonde de *Linſchot* (celui qui le premier a publié la route & le chemin que les Européens devoient tenir, pour ſuivre les Portugais aux Indes Orientales) & qui avoit été adopté juſqu'au tems de Blaeu : mais ce dernier a corrigé cette erreur, & a détruit à la fin cette opinion, comme on peut s'en aſſûrer en conſultant les differentes éditions de ſes Globes.

Voici la Traduction que je vous envoye du Mémoire envoyé à Londres le $\frac{10}{21}$ Février 1747.

*Eclairciſſemens envoyés par M. le Chevalier Arthur Dobbs à M. Wetſtein, Chapelain & Secretaire du Prince de Galles, au ſujet de la diſtance entre l'Aſie & l'Amérique.*

JE vous ſuis, Monſieur, extrêmement obligé de la peine que vous avez bien voulu prendre d'entretenir une correſpondance avec le Profeſſeur Euler, au ſujet des découvertes que les Moſcovites ont faites vers l'Eſt du *Kamſchatka*, comme auſſi de l'extrait que vous m'avez envoyé du dernier voyage de *Behring*, & des découvertes qu'il a faites au Nord-Eſt du *Japon*. A la vérité, M. Euler convient que ce qui lui en a été communiqué, eſt aſſez imparfait, n'ayant jamais vû aucun Journal, aſſez détaillé, & où l'on ait fixé les latitudes & longitudes des Pays nouvellement découverts. Mais puiſque M. Euler, entraîné par l'opinion du Capitaine *Behring*, ſemble ſe fixer à croire que les Pays nouvellement découverts ſont joints à la *Californie*, c'eſt-à-dire aux dernieres Terres connues du Continent de l'*Amerique*, la Californie, comme on ſçait, n'étant pas une Iſle, je ne puis m'empêcher de vous dire, qu'en ceci mon opinion eſt bien differente de celle de M. Euler, car autrement je ſerois obligé d'avouer franchement, qu'il n'y a plus de passage à esperer de trouver du Nord Ouest de la *Baye d'Hudson* à la mer du Sud, ou dans l'Ocean Occidental de l'Amérique, à moins qu'on n'entreprît une longue navigation de près de 70 degrés en longitude, c'est-à-dire, de toute la distance qui se trouve entre le Cap situé au Nord-Est de l'*Asie*, & le Nord-Ouest de la *Baye d'Hudson*, ensorte qu'il faudroit même naviguer jusques sur un parallele aussi septentrional qu'est le cercle Polaire, avant que de pénétrer dans la mer Pacifique.

Or il est visible qu'en ce cas, le nouveau passage trouvé pourroit être appellé avec quelque raison un passage impraticable, puisqu'il ne seroit pas possible de l'aller chercher dans un même Eté.

Mais comme M. Euler a bien voulu me déduire les raisons, sur lesquelles le Capitaine *Behring* a fondé son opinion, puisqu'il se fonde principalement sur la petite distance qu'il suppose entre la côte qu'il a nouvellement découverte, & la côte occidentale d'*Amérique*, autrement nommée la Californie; puisqu'il a prétendu, dis-je, que la Californie est beaucoup plus voisine du Cap, situé au Nord Est de l'Asie, qu'elle ne l'est en effet, je serai bien aise, qu'en remerciant M. *Euler*, de ce qu'il a bien voulu nous communiquer tout ce qu'il a pû apprendre au sujet des nouvelles découvertes, vous lui fassiez connoître en quoi mon opinion est differente de celle de *Behring*, celui-ci n'ayant pas fait de difficulté d'assûrer que les terres, qu'il avoit nouvellement découvertes, n'étoient autre chose que les dernieres parties du Continent de l'Amérique, c'est-à-dire, qu'elles sont une continuation de la Californie. Or si M. Euler a trouvé que les raisons, sur lesquelles je fonde mon opinion, sont suffisantes pour rendre plus que probable, qu'il peut y avoir une grande ouverture ou passage entre les terres nouvellement découvertes & la Californie, je suis bien aise que ce célébre & sçavant Professeur pense, que nous pouvons esperer de trouver enfin un passage par la *Baye d'Hudson*, à l'Ouest de l'Ocean de l'*Amérique*, & cela sans être empêché par les glaces après avoir passé *le détroit d'Hudson.*

Je conçois pourtant que M. Euler a pensé que nous nous étions un peu jettés dans l'erreur, & que nous nous étions trop flattés, en ne considérant pas que le Cap situé au Nord-Est de l'Asie est beaucoup plus à l'Est qu'il n'a été supposé jusqu'ici dans toutes les Cartes. La situation de ce Cap lui paroît actuellement bien connue, par le moyen d'une Eclipse de Lune, observée par le Capitaine *Behring* au *Kamschatka.*

Or j'ai un Extrait depuis long-tems du Journal & des premieres découvertes faites à ce sujet en 1728 & 1729, quand *Behring*, dans son premier voyage, a observé l'Eclipse de Lune & calculé la longitude du lieu. Je m'en suis donc tenu à la longitude qu'il a fixée, & je suis d'accord que ce Cap Nord-Est est, comme *Behring* l'a établi, dans l'autre Hémisphere; qu'il est à l'Est beaucoup plus qu'on ne l'avoit supposé, soit à l'égard de l'Isle de Fer, soit à l'égard du Méridien de Londres; or voici ce qui doit s'en suivre.

*Behring* fixe son Cap situé au Nord-Est de l'Asie à 126 degrés 7 minutes vers l'Est de la longitude ou Méridien de *Tobolski*; *Tobolski* est 86 degrés à l'Est de l'Isle de Fer, desorte que ce Cap est 212 degrés 7 minutes à l'Est de l'Isle de Fer, & par conséquent à 194 degrés vers l'Est du Méridien de Londres. D'un autre côté le Capitaine *Midleton* a observé les Satellites de Jupiter dans la riviere de *Churchill*, une des rivieres qui tombe dans la *Baye d'Hudson*, & par ces observations cette riviere se trouve 95 degrés à l'Ouest du Méridien de Londres, ce qui étant ajoûté à 194 degrés, la somme est 289 degrés, d'où l'on tire 71 degrés de difference en longitude entre le Cap situé au Nord Est de l'Asie & la riviere de *Churchill*. Mais à 65 degrés de latitude septentrionale, si l'on compte 8 lieues, (de celles dont il y a 20 au degré & qu'on nomme vulgairement lieues Marines, ) pour chaque degré de longitude, les 71 degrés ci-dessus donneront pour la distance comprise entre le Cap le plus avancé *de l'Asie* & *la Baye d'Hudson*, environ 568 lieues.

Nous connoissons aussi très-bien la longitude du Cap le plus septentrional du *Japon*, situé à 40 degrés de latitude. Sa situation se déduit très-exactement des observations faites par *les Jesuites* à *Pekin*, ensorte que ce Cap est environ 150 degrés à l'Est de Londres, & on sçait aussi, d'après les meilleurs calculs, la longitude de la *Californie*, dont le Cap le plus avancé & qui est à 40 degrés de latitude Boreale, est à 130 degrés de longitude à l'Ouest du Méridien de Londres. C'est pourquoi, comme sous ce parallele de 40 degrés de latitude, 17 lieues répondent à un degré de longitude, la distance entre les deux Caps sera par conséquent de 1360 lieues. On tire aussi du même calcul la distance de la Californie au Cap situé au Nord-Est de l'Asie de 7 à 800 lieues. D'où il est aisé de voir que dans un si grand espace il peut y avoir de très-grands Continens ou Isles *, sans être obligé de supposer avec le

* Les *Japonnois*, dans une de leur Mappemonde imprimée au *Japon*, ont placé précisément au même endroit deux Isles aussi grandes que l'Irlande,

Capitaine *Behring*, que le pays qu'il a nouvellement découvert eſt un même continent, ou contigu à l'Amérique, & qu'il s'étend juſqu'à *la Californie*. On peut, dis-je, raiſonnablement conjecturer qu'il y a un Canal ouvert ou une mer large de 50 ou 100 lieues entre le pays nouvellement découvert & la *Californie*.

Voyons comment ceci s'accorde avec le récit communiqué par M. Euler. Il eſt dit que *Behring* a fait voile d'abord vers le Sud juſqu'aux Iſles du *Japon*, & qu'étant parti de-là il a fait voile vers l'Eſt d'environ 50 milles germaniques, ce qui, en comptant les lieues marines de 20 au degré, donne environ 80 lieues, dont *Behring* ſe ſeroit avancé vers l'Eſt. Or à cette diſtance du *Japon* il a découvert des terres dont le giſſement s'étendoit au Nord-Oueſt, *Behring* les a cotoyées, & de-là s'approchant du Cap Nord-Eſt ſans prendre terre, il n'eſt entré dans aucun Port juſqu'à-ce qu'il ait trouvé l'embouchure d'une grande riviere; d'où ayant envoyé ſes Chaloupes & quelques hommes à terre, il n'en a jamais eu de nouvelles, ſoit qu'ils ſe ſoient égarés, qu'ils ayent été tués ou réduits en eſclavage par les Sauvages; ce malheur a été cauſe d'une interruption dans les dé-

& leur ont donné un nom. Cela ſe voit ſur cette Carte apportée du *Japon* par *Kempfer* en 1686, & qui eſt dans le Cabinet de M. Sloane.

couvertes qu'il projettoit de faire. Et son Vaisseau ayant échoué, *Behring* est mort bien-tôt après dans une Isle inhabitée.

Au reste, comme dans ce récit je ne trouve, ainsi que j'ai dit, aucune longitude ni latitude fixée par les observations, je suis porté à croire que *Behring* a fait voile de *Kamschatka* vers le Sud-Est, & qu'il a peut-être navigué plus au Sud que le cinquantiéme degré de latitude. Or il faut qu'il ait trouvé un pays situé au Nord-Est du *Japon*, puisque sans cela, en le cotoyant par le Nord-Ouest, il n'auroit jamais pû s'approcher du Cap Nord-Est, lequel Cap est au moins 40 degrés de longitude à l'Est du *Japon*; car si *Behring* a d'abord fait 80 lieues à l'Est du Japon, il faut bien qu'il ait fait route au Nord Est pour parvenir au Cap Nord-Est. Cela étant, je suis porté à croire que cette côte a dû être une partie de celle qu'il avoit déja vûe dans son premier voyage, lorsqu'il perdit une de ses ancres. C'est la côte que *Gama* avoit découverte, & que les Hollandois ont appellée depuis *Terres de la Compagnie*, situées sur les côtes à l'Est du Détroit de *Uriés*, c'est-à-dire 7 à 800 lieues à l'Ouest des dernieres Terres connues de l'Amérique. Or si je suppose 700 lieues pour l'étendue du pays ou de l'Isle nouvellement découverte vers l'Est, il restera encore un passage de plus 100 lieues pour communiquer de la Mer du Sud ou *Mer pacifique* à la Baye d'*Hudson*, & c'est sans doute cette Mer ou ce Détroit, qui cause des courans & d'aussi grandes marées que celles qu'on trouve en effet au Nord-Ouest de la Baye d'*Hudson*, de même qu'un libre passage aux Baleines qu'on trouve en si grande quantité dans l'ouverture située au Nord-Ouest de cette Baye, & que la Nation Sauvage des *Eskimaux* pêche en une aussi grande quantité; car pour que les Baleines puissent pénétrer de l'Océan *Atlantique* dans la Baye d'*Hudson*, je ne sçaurois croire qu'elles fassent un aussi grand tour, comme de venir du Japon au Cap Nord-Est, & de-là s'avançant jusqu'à 70 degrés ou 560 lieues pour venir dans la Baye d'*Hudson*, elles n'y puissent arriver qu'au mois de Juin, pour y rester seulement jusqu'en Septembre, après quoi elles retourneroient par un aussi long chemin dans la Mer du Sud pour y passer l'Hyver.

Considérons présentement que puisque *Behring* a seulement cotoyé les nouvelles Terres à une certaine distance, il n'a pû s'assûrer s'il étoit vis-à-vis d'un Continent ou d'une grande Isle; or la supposition d'une grande Isle en ce lieu me paroît la plus probable.

AVERTISSEMENT.
CARTE
DES
NOUVELLES DÉCOUVERTES
AU NORD DE LA MER DU SUD,
Tant à l'Est de la Siberie
et du Kamtchatka,
Qu'à l'Ouest de la Nouvelle France.
Dressée
sur les Mémoires
de Mr. De l'Isle
Par Mr. De l'Isle
ECHELLES DE LIEUES.
MER GLACIALE
TERRES ARCTIQUES
MER OU BAYE DE L'OUEST
PARTIE SEPTENTRIONALE
DE LA MER DU SUD
GOLFE DU MEXIQUE
1743

# EXPLICATION
## *DE LA CARTE*
### DES NOUVELLES DECOUVERTES
### Au Nord de la Mer du Sud;

*Par M.* DE L'ISLE, *de l'Académie Royale des Sciences, & Professeur de Mathématiques au Collège Royal.*

A PARIS,
Chez DESAINT ET SAILLANT, Libraires, rue Saint-Jean-de-Beauvais.

MDCCLII.

# EXPLICATION DE LA CARTE DES NOUVELLES DECOUVERTES Au Nord de la Mer du Sud.

*Par M. DE L'ISLE, de l'Académie Royale des Sciences, & Professeur de Mathématiques au Collège Royal.*

## AVERTISSEMENT.

IL y a quatorze ans que j'ai publié à Petersbourg un premier Tome de Mémoires pour servir à l'Histoire & au progrès de l'Astronomie, de la Géographie & de la Physique. Cet Ouvrage auroit pu avoir depuis ce tems-là une longue suite, si je ne me fusse plus appliqué à recueillir de nouveaux matériaux, qu'à mettre en usage ceux que j'avois déja. J'étois alors, de même que je l'ai été depuis mon arrivée en Russie, fort occupé, par ordre de cette Cour, à rassembler des Mémoires qui puissent servir à établir solidement la Géographie de ce vaste Empire pour l'utilité de la Nation. Mon Frere De la Croyere, qui avoit eu permission de m'accompagner en Russie, après avoir parcouru, en conséquence des ordres qu'il avoit obtenus, les parties les plus ſeptentrionales du Gouvernement d'Archangel, pour mieux fixer par des Obſervations Aſtronomiques cette extrémité de l'Empire, avoit auſſi entrepris, depuis quelques années, de parcourir de même tout le reſte de la Ruſſie & de la Sibérie, juſqu'aux dernieres extrémitez de l'Orient, & même de s'embarquer au Port le plus oriental du Kamtchatka, pour aller à la découverte des païs ſitués entre l'Aſie & l'Amérique, au Nord de la Mer du Sud. J'attendois qu'il eut fini ſon voyage & achevé toutes ſes obſervations pour les joindre à tout ce que j'avois déja & que je continuois à raſſembler d'ailleurs, même des païs étrangers ; lorſque j'appris ſa mort au retour de l'Amérique à la vûe du Port d'Avatcha d'où il étoit parti. Il me fallut enſuite du tems pour prendre connoiſſance de tout ce que mon Frere avoit fait. Voilà les véritables motifs qui m'ont fait différer, juſqu'à mon arrivée en France, de publier la ſuite de mes Mémoires ; ayant promis dans le premier Volume imprimé à Petersbourg de donner la Carte des Nouvelles Découvertes que le voyage de mon Frere & du Capitaine Beerings auroient procurées.

Mon premier ſoin a été, à mon retour à Paris, de mettre en ordre tout ce que j'avois pu raſſembler de connoiſſances ſur la grande étendue des terres inconnues juſqu'alors entre l'Aſie & l'Amérique au Nord de la Mer du Sud, & il m'a paru que l'on a vû avec plaiſir la Carte que j'en ai préſentée à l'Académie dans ſon Aſſemblée publique du 8. Avril 1750.

L'utilité dont ces nouvelles découvertes ont paru, pour indiquer le paſſage à la Mer du Sud tant par le Nord-Eſt que par le Nord-Oueſt auquel on s'intéreſſe ſi fort préſentement, a fait ſouhaiter la publication de cette Carte & du Mémoire qui y eſt relatif, dans lequel j'ai fait l'Hiſtoire des Voyages des Ruſſes par Mer pour la recherche du chemin à l'Amérique ; & c'eſt ce que je donne à préſent. J'ai cru que l'on recevroit auſſi avec plaiſir la Rélation détaillée des découvertes de l'Amiral de Fonte (*a*), qui m'a été envoyée manuſcrite d'Angleterre il y a treize ans, & dont je me ſuis ſervi pour remplir l'intervalle entre les découvertes des Ruſſes, & celles qui ont été faites, dans ces derniers tems, dans la Baye d'Hudſon, & les autres régions les plus ſeptentrionales de l'Amérique, par leſquelles on cherche le paſſage à la Mer du Sud.

(*a*) Le nom *de Fonte* eſt Portugais, & ſignifie la même choſe que *Fuente* en Eſpagnol. Comme le Manuſcrit qui m'a été envoyé de Londres en 1739, & qui contient la Rélation de cet Amiral, de même que les Livres imprimez en Angleterre, qui en parlent, écrivent toujours *de Fonte ;* j'ai cru devoir me conformer à cette prononciation.

Je joindrai inceſſamment à cette Carte générale toutes les Cartes particulieres néceſſaires pour accompagner les deſcriptions que je me propoſe de donner en même tems des parties les plus intéreſſantes de cette Carte générale, avec le détail des Obſervations Aſtronomiques & des derniers Voyages qui ont été faits dans ces païs-là : ce qui fournira les fondements les plus certains des connoiſſances que l'on a préſentement de tout ce qui ſe trouve au Nord de la Mer du Sud.

C'eſt par-là que je me propoſe de commencer la publication de tout ce que j'ai recueilli ſur la Géographie, l'Aſtronomie & la Phyſique ; ainſi je donnerai ſucceſſivement de nouvelles Cartes tant générales que particulieres de la Ruſſie, avec les explications néceſſaires & les Obſervations Aſtronomiques qui en ſont les fondements ; par où l'on verra que les Cartes publiées à Petersbourg, quoique faites ſur les Mémoires que j'avois raſſemblés à cet effet, & que j'en euſſe donné le plan, n'ont ni la juſteſſe ni l'exactitude qu'elles devroient avoir.

J'ai dit dans mon Mémoire, lû à l'Académie, qu'ayant conſtruit avec M. Buache la Carte qui manquoit à la Relation de l'Amiral de Fonte, nous avions été ſurpris de la conformité qui s'y trouvoit avec les Navigations des Ruſſes : c'eſt ce qui m'a fait penſer que cette Relation pouvoit être véritable, quoiqu'elle n'ait pas acquis le degré d'autenticité que l'on lui ſouhaiteroit, par rapport au détail & aux circonſtances qui y ſont rapportées, & parce que l'Original Eſpagnol n'a pas encore été trouvé.

Il paroît que l'on eſt en Angleterre dans la même opinion que moi ſur cette Relation, puiſque dans celle d'Ellis (Tom. 1. p. 98.), il eſt dit que la Relation que l'on a de l'Amiral de *Fonte* ne contient rien qui ne ſoit fort croyable. Voilà ce qui m'a déterminé à publier cette Relation comme je l'ai reçue, après l'avoir fait traduire de l'Anglois en François ; ce qui pourra peut être donner lieu à faire découvrir l'Original Eſpagnol, s'il exiſte quelque part, & à vérifier ces Découvertes, ſi l'on fait dans la ſuite de nouvelles tentatives de ce côté-là.

Je joindrai inceſſamment à ces Mémoires mes Réflexions & Notes ſur cette Relation de l'Amiral de *Fonte*, & ſur la maniere dont les païs découverts par cet Amiral ſont repréſentés ſur ma Carte.

# NOUVELLES DECOUVERTES AU NORD DE LA MER DU SUD.

*Lû dans l'Assemblée publique de l'Académie Royale des Sciences le 8. Avril 1750. par M. DE L'ISLE de la même Académie.*

PArmi les Terres ou les Mers inconnues, il n'y en a pas de plus utiles à découvrir que celles qui sont au Nord de la Mer du Sud. Il y a plus de deux siécles & demi que les Anglois & les Hollandois intéressez au commerce des Indes orientales, font des efforts prodigieux pour en chercher le plus court chemin, soit par le Nord-Est, le long des Côtes septentrionales de la Tartarie; ou par le Nord-Ouest, en traversant les détroits découverts au Nord de l'Amérique septentrionale; mais l'on sçait combien on est encore peu avancé dans l'une & l'autre de ces deux routes. Les plus habiles Navigateurs Anglois & Hollandois ont eu bien de la peine à parvenir par le Nord-Est un peu au-delà de la nouvelle Zemle; & nous apprenons par les derniers Voyages faits à la Baye d'Hudson, que les Anglois, qui persistent à soutenir la possibilité du passage à la Mer du Sud par cette Baye, n'ont pu encore trouver la sortie qui y conduit. Et quand ils la trouveroient, il y auroit encore plus de 500 lieues à faire pour arriver à l'extrémité la plus voisine de la Mer du Sud connue jusqu'à présent, sans que l'on sache précisément si ce sont des Terres ou des Mers qui occupent cet espace.

Du côté de l'Asie, il n'y a pas moins de 700 lieues entre la Côte orientale de la nouvelle Zemle & l'extrémité la plus orientale de la Mer Glaciale, & encore près de 800 lieues delà jusqu'au Japon. Enfin la partie de la Mer du Sud inconnue au Nord entre le Japon & la Californie, a plus de 1200 lieues d'étendue.

Quel prodigieux espace inconnu sur notre Globe dans un endroit si intéressant! Je vais exposer à la Compagnie la découverte de toutes les terres & les mers qui y sont contenues, & dont j'ai acquis la connoissance pendant le long séjour que j'ai fait en Russie, & depuis mon retour en France.

Je n'entrerai pas ici dans le détail de toutes les dispositions que Pierre le Grand avoit faites en Russie pour la Géographie de son Empire, avant que je fusse arrivé en Russie. Il me suffira de rapporter ce qu'il a fait en particulier pour s'informer des bornes de la Tartarie au Nord-Est, & reconnoître si elle ne seroit pas contigue à l'Amérique, ou fort voisine. Il choisit pour cela M. Beerings habile Marin, Danois de nation. Ce fut sur les derniers tems de la vie de ce grand Empereur, à la fin de Janvier 1725. que cet Officier en reçut les ordres qui lui furent confirmez en plein Sénat le 5. Février, huit jours après la mort de Pierre le Grand, par l'Impératrice Catherine qui se fit un devoir de suivre en cela les vûes du feu Empereur son Epoux.

Le Capitaine Beerings employa cinq ans à son expédition, parce qu'il lui falut non-seulement se rendre par terre avec tout son monde à l'extrémité orientale de l'Asie; mais encore y faire transporter presque tout ce qui étoit nécessaire pour y construire deux bâtimens propres à faire par mer la recherche qui lui étoit ordonnée. M. Beerings crut y avoir satisfait, lorsqu'ayant suivi la Côte orientale de l'Asie depuis le Port de Kamtchatka jusqu'à la latitude de 67° $\frac{1}{3}$ au Nord-Est, il vit la mer libre au Nord & à l'Est, & que la Côte tournoit au Nord-Ouest, & enfin, après avoir appris des habitans que l'on avoit vû arriver un bâtiment de la riviere de Lena à Kamtchatka, il y avoit déja 50 à 60 ans.

Cette navigation servit à déterminer plus exactement que l'on ne l'avoit sçu auparavant la situation & l'étendue de la Côte orientale de l'Asie, depuis le Port de Kamtchatka sous la latitude de 56°, jusqu'au terme où s'étoit avancé le Capitaine Beerings. Cet Officier ne remarqua près de sa route que trois petites Isles fort voisines des Côtes; mais ayant appris à son retour au Port de Kamtchatka qu'il y avoit une terre à l'Orient que l'on pouvoit voir dans un tems clair & serein, il essaya d'y aller après avoir fait réparer les dommages que son Vaisseau avoit soufferts par une tempête. Cette seconde tentative fut inutile; car s'étant avancé d'environ 40 lieues à l'Est sans voir de terre, il fut de nouveau assailli d'une grande tempête venant de l'Est-Nord-Est, & d'un vent entierement contraire qui le renvoya bien vîte au Port d'où il étoit parti, sans qu'il ait depuis fait de nouvelles tentatives pour rechercher cette prétendue terre.

Après le retour de M. Beerings à Péterſbourg, il m'apprit de bouche ce qu'il n'a pas dit dans sa relation, à sçavoir que, dans son Voyage sur la côte Orientale de l'Asie, entre les latitudes de 50 & de 60 degrés, il avoit eu tous les indices possibles d'une côte ou d'une terre à l'Est. Ces indices sont 1°. de n'avoir trouvé en s'éloignant de ces côtes, que peu de profondeur & des vagues basses, telles qu'on les trouve ordinairement dans des détroits ou bras de Mer; bien différentes des hautes vagues que l'on éprouve sur les côtes exposées à une Mer fort étendue. 2°. D'avoir trouvé des pins & autres arbres déracinés, amenés par le vent d'Eſt, au lieu qu'il n'en croît point dans le Kamtchatka. 3°. D'avoir appris des gens du Pays, que le vent d'Eſt peut amener les glaces en deux ou trois jours, au lieu qu'il faut quatre ou cinq jours de vent d'Oueſt pour les emporter de la côte Nord-Eſt de l'Aſie. 4°. Que de certains oiſeaux viennent réguliérement tous les ans dans les mêmes mois du côté de l'Eſt, & qu'après avoir paſſé quelques mois ſur les côtes de l'Aſie, ils s'en retournent auſſi réguliérement dans la même ſaiſon.

M. le Capitaine Beerings & ſon Lieutenant obſerverent auſſi au Kamtchatka deux Eclipſes de Lune les années 1728 & 1729. qui me ſervirent à déterminer la longitude de cette extrémité Orientale de l'Aſie, avec la préciſion que pouvoit comporter la nature de ces obſervations faites par des gens de Mer avec leurs propres inſtrumens; mais ces premieres déterminations ont été confirmées par des obſervations fort exactes des Satellites de Jupiter qui furent faites enſuite dans le voiſinage par mon frere & par des Ruſſes exercés à ces ſortes d'obſervations, & qui étoient munis d'inſtrumens convenables.

Après avoir acquis, il y a près de 20 ans, ces premieres connoiſſances ſur la longitude du Kamtchatka avec la Carte & le Journal du Capitaine Beerings, je m'en ſervis, pour dreſſer la Carte que l'on voit ici (*a*), qui repréſente l'extrémité Orientale de l'Aſie avec la côte oppoſée de l'Amérique Septentrionale, afin de faire voir d'un coup d'œil ce qui reſtoit encore à découvrir entre ces deux grandes parties du Monde. J'eus l'honneur en 1731. de préſenter cette Carte à l'Impératrice Anne & au Sénat dirigeant, afin d'exciter les Ruſſes à la recherche de ce qui reſtoit à découvrir; ce qui eut ſon effet, cette Princeſſe ayant ordonné que l'on fît un nouveau voyage ſuivant le Mémoire que j'en avois dreſſé.

J'indiquai dans ce Mémoire trois différentes routes à ſuivre par Mer, pour découvrir ce qui reſtoit d'inconnu. L'une de ces routes ſe devoit faire au Midi du Kamtchatka en allant droit au Japon; ce qu'on ne pouvoit faire ſans traverſer la Terre d'Yeço, ou plûtôt les paſſages qui la ſéparent de l'Iſle des Etats & de la Terre de la Compagnie, découvertes par les Hollandois, il y a plus de cent ans. Par ce moyen on pouvoit découvrir ce qui étoit au Nord de la Terre d'Yeço, dont on ne ſavoit point encore l'étendue de ce côté-là, non plus que le paſſage qui eſt entre la Terre d'Yeço & la côte de la Tartarie Orientale. L'autre route ſe devoit faire directement à l'Eſt du Kamtchatka juſqu'à ce que l'on rencontrât les côtes de l'Amérique au Nord de la Californie.

(*a*) Voyez la Remarque qui eſt à la fin de ce Mémoire page 11.

Enfin je proposai pour troisiéme objet que l'on allât chercher les Terres dont le Capitaine Beerings avoit eu de si forts indices dans son premier voyage à l'Est du Kamtchatka.

Cette expédition ayant été ordonnée comme je l'avois indiquée, M. Beerings eut la commission d'aller chercher à l'Est du Kamtchatka les Mers dont il avoit eu les indices dans son premier voyage : il partit en 1741. mais il n'alla pas bien loin; car ayant été assailli d'une furieuse tempête dans un tems fort obscur, il ne put tenir la Mer, & échoua dans une Isle déserte sous la latitude de 54 degrés, à peu de distance du Port d'Avatcha d'où il étoit parti. Ce fut là le terme des Voyages & de la vie de M. Beerings qui y périt de misere & de chagrin avec la plûpart de son monde. Le peu qui en put échapper revint au Kamtchatka avec bien de la peine dans une petite barque qu'ils avoient construite des débris de leur vaisseau. Cette Isle fut nommée l'Isle de Beerings. On la voit dans la seconde Carte que j'expose ici, qui représente toutes les découvertes que j'ai faites depuis la composition de ma premiere Carte.

Ce fut un Allemand nommé Spanberg qui eut le commandement du vaisseau envoyé à la recherche du Japon. Il partit du Port de Kamtchatka en Juin 1739. par un bon vent qui lui fit faire vers le Sud en 16 jours près de vingt degrés en latitude, jusqu'à la hauteur de 36 à 37 degrès au travers de plusieurs Isles. Il crut être arrivé à la côte du Japon où il fut, dit-on, bien reçu. Il aborda aussi au Japon à la latitude de 39 à 40 degrés, qui est la partie Septentrionale. Il alla jusqu'à Matsmey, principal lieu & un des plus méridionaux de la Terre d'Yeço, mais où le Capitaine Spanberg ne descendit point à terre. L'on voit sur la seconde Carte la route du Capitaine Spanberg du Kamtchatka au Japon & à Matsmey.

Pour ce qui est de la troisiéme & principale route que l'on a tenue à l'Est du Kamtchatka jusqu'à l'Amérique, ça été le Capitaine Russe nommé Alexis Tchirikow, lequel avoit été Lieutenant du Capitaine Beerings dans son premier voyage, qui a eu le commandement de cette derniere expédition, & mon frere, Astronome de cette Académie, s'est embarqué avec lui, tant pour l'aider dans l'estime de sa route, que pour faire des observations Astronomiques exactes dans les lieux où ils auroient pû débarquer. Ils sont partis le 15 Juin 1741. N. St. d'un Port du Kamtchatka appellé Avatcha, ou Port de S. Pierre & S. Paul, dont mon frere avoit observé la latitude de 53 degrés 1', & dont la distance au Méridien de Paris a été trouvée par les Satellites de Jupiter de plus de 156 degrés.

Le 26 Juillet après 41 jours de navigation, ayant suivi la route marquée sur la deuxiéme Carte, ils arriverent à la vûe d'une terre qu'ils prirent pour la côte de l'Amérique sous la latitude de 55 degrés 36'. Ils avoient fait près de 62 degrés en longitude, & par conséquent ils étoient éloignés de 218 degrés à l'Orient du Méridien de Paris. Le Cap Blanc qui est l'extrémité la plus Septentrionale & Occidentale connue de la Californie, est sous la latitude de 43 degrés, & distant du Méridien de Paris de 232 degrés; ainsi le Capitaine Tchirikow & mon frere étoient parvenus à 14 degrés à l'Ouest de la Californie, & à 12 degrés & demi au Nord. C'est un lieu où l'on n'a pas sçu que personne fut encore arrivé avant eux. Ce fut là aussi jusqu'où ils avancerent en longitude.

Le Capitaine Tchirikow étant arrivé au lieu que je viens de dire le 26 Juillet, louvoya les jours suivans pour tâcher de s'approcher de terre; ce qu'il ne put faire avec son vaisseau qu'à la distance de plus d'une lieue: c'est pourquoi il se détermina, au bout de huit jours, à envoyer dans une chaloupe dix hommes armés avec un bon Pilote; mais ils furent perdus de vue lorsqu'ils furent arrivés à terre, & on ne les a pas revûs depuis, quoique l'on ait tenu la Mer, & fait bien des courses dans ces Cantons-là pendant tout le mois d'Août en attendant leur retour, jusqu'à ce que le Capitaine Tchirikow désespérant de les revoir, & la saison devenant trop mauvaise pour tenir la Mer plus longtems, il prit le parti de s'en retourner. Il eut dans ce retour, pendant plusieurs jours, la vûe des terres fort éloignées, que j'ai marquées sur ma Carte.

Enfin étant fort avancés dans leur retour, ils approcherent le 20 Septembre fort près d'une côte Montagneuse & couverte d'herbe, mais où ils n'apperçûrent point de bois. Ils n'y pûrent aborder à cause des rochers qui étoient sous l'eau & sur les bords de la côte; mais étant entrés dans un Golfe, ils y virent des habitans dont plusieurs vinrent à eux, chacun dans un petit bateau semblable à ceux des Groenlandois ou des Esquimaux. Ils ne pûrent entendre leur langage. La latitude de ce lieu fut observée de 51 degrés 12'. & sa différence de longitude au Port d'Avatcha où ils s'en retournerent, fut déterminée de près de 12 degrés.

Pendant tout ce voyage du Capitaine Tchirikow & de mon frere qui avoit déja duré plus de trois mois, le plus grand nombre de l'équipage avoit été attaqué du scorbut, & en étoit mort. Mon frere & le Capitaine Tchirikovv n'en furent point exempts; mon frere même y succomba après treize jours de maladie, étant mort le 22 Octobre entre les bras des matelots & soldats qui le descendoient dans la chaloupe pour le mettre à terre, à la vûe du Port d'où il étoit parti plus

de

de quatre mois auparavant. Le Capitaine Tchirikovv, quoiqu'extrêmement mal, a pû arriver à terre où il s'est rétabli, de même qu'une petite partie de son monde. Voilà quel a été le succès de la derniere navigation des Russes, pour chercher le chemin de l'Amérique.

Il y a sur les bords de la Mer Orientale vis-à-vis le Kamtchatka un lieu nommé Okhota ou Okhotskoy Ostrog dont la latitude est de 59 degrés 22'. & qui est distant du Méridien de Paris de près de 141 degrés en longitude, c'est le lieu de l'embarquement pour le Kamtchatka & les Pays voisins. M. Beerings y avoit laissé le vaisseau avec lequel il avoit fait son premier voyage. Des Russes se hazarderent d'y monter en 1731. & de tenir la même route que M. Beerings avoit suivie deux ans auparavant; mais ils y réussirent mieux que lui, ayant poussé plus loin la découverte à l'Amérique: car étant venus à la pointe jusqu'où avoit été le Capitaine Beerings dans son premier voyage, & ce qui avoit été son *non plus ultrà*, ils se dirigerent exactement à l'Est où ils trouverent une Isle & ensuite une grande Terre. A peine étoient-ils à la vûe de cette Terre, qu'il vint à eux un homme dans un petit bâtiment semblable à ceux des Groenlandois. Ils voulurent s'informer de quel pays il étoit, mais ils n'en purent rien apprendre, si ce n'est qu'il étoit habitant d'un très-grand continent où il y avoit beaucoup de fourures. Les Russes suivirent la côte de ce continent deux jours entiers en allant vers le Sud, sans y pouvoir aborder, après quoi ils furent assaillis d'une rude tempête qui les ramena malgré eux sur la côte du Kamtchatka, & ils s'en retournerent ensuite d'où ils étoient partis.

Je pourrois ajoûter à ces découvertes des Russes au Nord de la Mer du Sud, celles qu'ils ont faites sur les côtes de la Mer glaciale pendant huit années, depuis Archangel jusqu'à la Riviere de Kovima; mais comme ils n'ont pas été plus loin, je me suis contenté de marquer sur ma seconde Carte la situation des côtes de la Mer glaciale, suivant leurs observations jusqu'à la Riviere de Kovima, & le reste de la côte à l'Orient par estime, avec la route que d'autres Russes avoient faite anciennement avec de petites barques le long des côtes jusqu'au Kamtchatka, & enfin une grande Terre découverte en 1723. au Nord de la Mer glaciale à 75 degrés de latitude.

Lorsque j'étois occupé en Russie, comme je viens de dire, à la recherche de ces Pays Septentrionaux, j'ai eu le bonheur d'apprendre les découvertes faites par l'Amiral de Fonte dans la mer du Sud, pour la recherche du passage du Nord-Ouest, & cela par un Manuscrit contenant l'extrait de ce voyage. Comme je ne crus pas en pouvoir faire un bon usage avant d'avoir connoissance de la route de mon frere, pour l'y comparer, j'ai différé jusqu'à mon retour en France où j'ai eu l'avantage d'être aidé des lumieres de M. Buache qui a suppléé à la Carte qui manquoit à la relation de l'Amiral de Fonte. Nous l'avons comparée avec la route de mon frere & les autres connoissances que j'avois tirées de la Russie, & nous y avons trouvé une si grande conformité que cela nous a surpris.

L'Amiral Barthelemi de Fonte étoit alors Amiral de la nouvelle Espagne, & fut ensuite Prince du Chili, &c. Il rapporte que la Cour d'Espagne ayant été informée des Voyages des Anglois dans la Baye d'Hudson pour chercher un passage au Nord-Ouest, il avoit reçu ordre tant du Roi d'Espagne que des Vicerois de la nouvelle Espagne & du Pérou, d'en faire la recherche par la Mer du Sud avec quatre vaisseaux de guerre qui se mirent en Mer pour cet effet au Callao de Lima le 3 Avril 1640. Qu'en route auprès de Realejo, sur la côte du Mexique, ils se fournirent encore de quatre longues chaloupes bonnes voilieres & construites exprès pour faire voile & pour rester à l'ancre, &c. Qu'étant parvenu au Cap Blanc (extrémité connue jusqu'alors de la Californie) il avoit fait 456 lieues au Nord-Nord-Ouest, jusqu'à ce qu'il fût arrivé à une Riviere qu'il nomma Rio de los Reyes; Que dans cette route ils avoient rencontré, dans l'étendue de 260 lieues, beaucoup de canaux qui serpentoient & formoient un Archipel que l'Amiral de Fonte avoit appellé l'Archipel de S. Lazare. J'omets à présent, pour n'être pas trop long, le détail de la relation de l'Amiral de Fonte; la Carte que je présente faisant suffisamment voir les grands Lacs, Isles & Rivieres qui ont été découvertes dans ce voyage, & auxquels il a donné des noms. Je remarquerai seulement que cet Amiral & les Capitaines des vaisseaux qu'il commandoit, s'étant séparés, & ayant fait différentes routes pour découvrir en même tems plus de Pays, ils avoient pû entrer avec leurs grands Vaisseaux dans quelques-uns des grands Lacs marqués sur la Carte, & que l'Amiral lui-même étant parvenu avec ses barques à voiles jusqu'à un des Lacs qui répond à la Baye de Baffins, n'ayant pû aller dans cet endroit avec ses vaisseaux à cause des Cataractes; il y avoit trouvé un vaisseau Anglois qui étoit venu de Boston, &c. Qu'enfin il avoit découvert tant par terre que par mer jusqu'au-delà du 80e degré où on avoit trouvé des Montagnes de glace d'une prodigieuse hauteur.

Les Terres & les Mers découvertes par l'Amiral de Fonte, remplissent, comme l'on voit, tout l'espace que les recherches des Russes laissoient encore à desirer; & se terminent aux dernieres terres de l'Amérique Septentrionale connues jusqu'ici, tant du côté des Bayes d'Hudson & de Baffins, qu'à l'Ouest du Canada, au Nord du nouveau Mexique & de la Californie: ce qui donne un si grand jour pour la découverte du paſſage à la Mer du Sud par le Nord-Oueſt, que j'ai crû en devoir faire part à la Compagnie, en attendant que je lui expoſe les fondemens de la conſtruction de cette Carte, dont les détails doivent être reſervés pour nos aſſemblées particulieres.

Je ne peux cependant m'empêcher d'ajoûter ici une connoiſſance Phyſique que l'on peut encore retirer de ces découvertes, en ce qui concerne la ſtructnre de notre globe, au moins quant à ſa ſurface. Sur quoi M. Buache qui, par la connoiſſance qu'il avoit de la ſtructure de tout le reſte de la Terre connue, avoit conjecturé que l'Aſie devoit être liée à l'Amérique au Nord par une ſuite de Montagnes & par des Mers de peu de profondeur, a eu le plaiſir de voir ſon opinion confirmée par les découvertes dont je viens de faire le récit abregé.

*Remarque pour la page 6, (a).*

Lorſque je lûs à l'Academie le Mémoire que l'on vient de voir, j'avois expoſé aux yeux du public deux grandes Cartes manuſcriptes, qui ſont celles dont je parle dans ce diſcours : l'une étoit la copie de la Carte que j'avois faite à Petersbourg en 1731, ſur le premier voyage du Capitaine Beerings, & que j'avois eu l'honneur de preſenrer à l'Impératrice Anne & au Senat dirigeant, avec un Mémoire manuſcript, qui en expliquoit la conſtruction & l'uſage.

La ſeconde Carte manuſcripte que j'expoſai à l'Académie étoit entierement conforme à la premiere ; avec cette différence que M. Buache y avoit ajouté, ſur les mémoires que je lui avois communiqué, les nouvelles découvertes faites depuis 1731 ; & qu'il avoit conſtruit, comme je l'ai rapporté dans mon diſcours p. 10. la partie de cette Carte qui manquoit à la relation de l'Amiral de Fonte.

M. Buache avoit fait outre cela une autre petite Carte manuſcripte, qui étoit la reduction de cette grande Carte dont je viens de parler en dernier lieu ; je preſentai cette petite Carte au Préſident de l'Académie pendant la lecture de mon mémoire ; & nous l'avons enſuite montrée M. Buache & moi à tous ceux qui ſe ſont aſſez intereſſez au progrês de la Géographie, pour ſouhaiter de la voir en particulier.

Mais comme cette Carte reduite n'étoit pas en état d'être gravée, parce qu'il y manquoit le détail de l'Aſie & de l'Amérique ; c'eſt ce qui m'en a fait differer la publication ; juſqu'à ceque j'uſſe conſtruit de nouveau ces deux parties eſſentielles. Je me ſuis trouvé pour cela engagé dans des nouvelles recherches, principalement du côté de l'Amérique dans les endroits les plus intéreſſans pour la France ; mais à force de travail j'en ſuis venu à bout & j'ai fourni à M. Buache de nouveaux desseins qu'il a fait graver tels que l'on les voit dans la Carte que je publie présentement.

Voilà ce que j'ai crû devoir rapporter ici pour excuser le retard de la publication de cette Carte, & marquer le sujet de la différence qui se trouve entre les desseins que l'on en a vus précedemment, & celui que je publie à présent; comme aussi pour instruire le public de la part que M. Buache a eüe à la composition de cette Carte.

## *Lettre écrite par l'Amiral Barthelemi de Font, alors Amiral de la Nouvelle Espagne & du Pérou, à présent Prince du Chili, dans laquelle il rend compte de ce qu'il y a de plus important dans son Journal, depuis le Callao de Lima au Pérou, & de ses recherches pour découvrir s'il y a quelque passage au Nord-Ouest de l'Océan Atlantique dans la Mer du Sud & de la grande Tartarie.*

Traduit de l'Anglois.

LES Vicerois de la Nouvelle Espagne & du Pérou ayant été avertis par la Cour d'Espagne que les différentes tentatives des Anglois, tant celles qui se firent sous le regne de la Reine Elisabeth & du Roi Jacques, que celles du Capitaine Hudson, & du Capitaine James dans la 2, 3 & 4e. année du regne du Roi Charles, avoient encore été entreprises l'an 1639. la quatorziéme année du même Roi Charles par quelques habiles Navigateurs de *Boston* dans la nouvelle Angleterre, moi, l'Amiral de Fonte, je reçus ordre d'Espagne & des Vicerois d'équiper 4 Vaisseaux de guerre qui ayant été préparés, nous nous mîmes en mer *au Callao de Lima* le 3 Avril 1640. Moi l'Amiral Barthelemi de Fonte dans le Vaisseau le S. Esprit; le Vice-Amiral Dom Diego Penelossa dans le Vaisseau la Sainte Lucie; Pedro Bernardo dans le Vaisseau le Rosaire & Philippe de Ronquillo dans le Roi Philippe.

Le 7 Avril à cinq heures du soir, nous arrivâmes à la hauteur de *Ste. Helene* à 200 lieues au Nord de la Baye de *Guayaquil* & à deux degrés de latitude Méridionale: nous jettâmes l'ancre au Port de *Ste Helene* en dedans du Cap, où chaque équipage se pourvut d'une grande quantité d'un bitume appellé communément Goudron, qui est d'une couleur obscure, tirant un peu sur le verd. C'est un excellent remede contre le ſcorbut & l'hydropiſie. On s'en ſert auſſi pour goudronner les Vaiſſeaux; mais nous le prîmes pour remede. Il ſort de la terre en bouillant, & on l'y trouve en abondance.

Le 10 Avril nous paſſâmes la Ligne Equinoctiale à la vûe du Cap *del Paſſao*, & le 11. nous paſſâmes celui de *S. François* à 1 degrés 7′ de latitude Septentrionale. Nous jettâmes l'ancre à l'embouchure de la Riviere de *S. Jago*, à 80 lieues au Nord-Nord-Oueſt, & à 25 lieues à l'Eſt tirant au Sud. Nous y jettâmes nos filets, & prîmes une grande quantité de bons poiſſons. Pluſieurs perſonnes de chaque Vaiſſeau mirent auſſi pied à terre, & tuerent une grande quantité de chêvres & de cochons qui y ſont ſauvages & en grande abondance. D'autres acheterent des gens du Pays 20 douzaines de cocqs & de poules d'Inde, des canards & de très-excellens fruits; c'étoit dans un village à deux lieues Eſpagnoles ou ſix milles & demi de l'embouchure de la Riviere de *S. Jago*, à gauche. On peut remonter cette Riviere avec de petits Vaiſſeaux juſqu'à 14 lieues Eſpagnoles, Sud-Eſt environ de la Mer, preſqu'à moitié chemin de la belle Ville de *Quito* qui eſt à 22 minutes de latitude Méridionale : cette Ville eſt fort riche.

Le 16 Avril nous fîmes voile de la Riviere de *S. Jago* pour le Port & à la Ville de *Realejo* à 320 lieues Oueſt-Nord Oueſt un peu plus à l'Oueſt, environ à 11 degrés 14 minutes de latitude Boréale, laiſſant à bas-bord la Montagne de *S. Michel*, & la pointe de *Cazamina* à ſtribord. Le Port de *Realejo* eſt très-ſûr; il eſt couvert, du côté de la Mer, par les Iſles *Ampallo & Mangreza*, toutes deux habitées par les naturels du Pays & bien peuplées, & par trois autres Iſles. C'eſt à *Realejo* que l'on bâtit les grands Vaiſſeaux dans la Nouvelle Eſpagne. *Realejo* n'eſt éloigné que de quatre milles par terre du commencement du *Lac Nicaragua* qui tombe dans la Mer du Nord à 12 degrés de latitude Septentrionale près des Iſles *del Grano*, ou *de las Perlas*, c'eſt-à-dire du Bled ou des Perles. On trouve aux environs de *Realejo* une grande abondance de bois ferme, des cedres rougeâtres, & toute ſorte de bois pour la conſtruction des Vaiſſeaux. Nous y achetâmes quatre longues Chaloupes bonnes voilieres & conſtruites exprès pour aller à voiles & à rames : elles étoient chacune de 12 tonneaux environ, & la quille avoit 32 pieds.

Le 26 Avril nous fîmes voile de *Realejo* pour le Port de *Saragua*, ou plutôt *Salagua* en paſſant en dedans des Iſles & bas fonds de *Chamilli*, lequel Port eſt auſſi ſouvent appellé de ce nom par les Eſpagnols; il eſt ſitué ſur 17 degrés 31 minutes de latitude Septentrionale, & à 480 lieues au Nord-Oueſt, un quart à l'Oueſt, un peu à l'Oueſt de *Realejo*. Dans la Ville de *Salagua* & dans la Ville de *Compoſtella* qui eſt dans le voisinage de ce Port, nous engageâmes un Maître & six Matelots qui trafiquent des perles avec les naturels du Pays à l'Est de la Californie, qui les pêchent sur un banc qui a 19 degrés de latitude Septentrionale plus que le banc *S. Jean*, qui est à 24 degrés de latitude Septentrionale. Ce banc où se pêchent les perles est à 20 lieues Nord-Nord-Est du Cap *S. Luc*, qui est la pointe la plus Sud-Est de la Californie.

Ce Maître que l'Amiral de Fonte avoit engagé avec son Vaisseau & son équipage, l'informa qu'à 200 lieues au Nord du Cap *S. Luc*, un flux venant du Nord rencontroit le flux venant du Sud, & qu'il étoit sûr que la Californie étoit une Isle. Sur cela D. Diego Penelossa ( fils de la sœur de D. Louis de Haro premier Ministre d'Espagne ) jeune Seigneur qui avoit beaucoup de connoissances & d'adresse en fait de Cosmographie & de navigation, entreprit de découvrir si la Californie étoit une Isle ou non ; car on ne sçavoit pas encore si c'étoit une Isle ou une presqu'Isle. Il avoit avec lui, outre son Vaisseau, les quatre Chaloupes achetées à *Realejo*, & le Maître & les matelots engagés à *Salagua*.

Cependant l'Amiral de Fonte les quitta en faisant voile avec les trois autres Vaisseaux en dedans des Isles de *Chamilli* le 10 Mai 1640 ; & après avoir atteint la hauteur du Cap *Abel* sur la côte Ouest-Sud-Ouest de la Californie à 20 degrés de latitude Septentrionale ; & à 160 Nord-Ouest un quart-Ouest des Isles de *Chamilli*, il s'éleva un vent frais & constant du Sud-Sud-Est, & du 26 Mai jusqu'au 14 Juin, il arriva à la Riviere de *Los Reyes* sous la latitude de 53 degrés, n'ayaut pas eu l'occasion de baisser la voile du Perroquet dans le cours de 866 lieues au Nord-Nord-Ouest, sçavoir 410 lieues du Port *Abel* au *Cap Blanc*, & 456 lieues de cet endroit à *Rio de Los Reyes*. Le tems étoit fort beau pendant tout ce trajet, & il fit environ 260 lieues dans les canaux serpentants entre les Isles de l'Archipel de *S. Lazare* (ainsi nommé par l'Amiral de Fonte qui en avoit fait le premier la découverte) dans lequel ses Chaloupes précédoient d'un mille pour sonder la profondeur de l'eau, & pour connoître les sables & les rochers.

Le 22 Juin l'Amiral de Fonte dépêcha un de ses Capitaines à Pedro Bernardo pour lui donner ordre de remonter une belle Riviere dont le courant est doux & l'eau profonde. Il la remonta d'abord au Nord & ensuite au Nord-Nord-Ouest, puis au Nord-Ouest, où il entra dans un Lac rempli d'Isles, & dans lequel il y avoit une grande presqu'Isle très-peuplée d'habitans d'un caractere doux & liant; il nomma ce Lac *Valasco*, & y laissa son Vaisseau : en remontant la Riviere, il trouva par tout 4, 5, 6, 7 & 8 brasses d'eau. Tant les Rivieres que les Lacs fournissoient en abondance des Saumons, des Truites & des Perches blanches, dont quelques-unes avoient deux pieds de longueur. Le Capitaine prit dans cet endroit trois longues Chaloupes Indiennes appellées dans leur langue *Periagos*, faites de deux gros arbres, & longues de 50 à 60 pieds, & ayant laissé son Vaisseau dans le Lac *Valasco*, il fit voile dans ce Lac 140 lieues à l'Ouest, & ensuite 436 à l'Est-Nord-Est jusqu'à 77 degrez de latitude.

L'Amiral de Fonte après avoir dépêché le Capitaine Bernardo pour découvrir la Partie qui est au Nord & à l'Est de la Mer de Tartarie ; fit voile lui-même dans une Riviere fort navigable qu'il nomma *Rio de los Reyes*, dont le lit étoit presqu'au Nord-Est, & changeoit plusieurs fois de rumb de vent pendant 60 lieues. A marée basse, il trouva un Canal navigable qui n'avoit pas moins de 4 à 5 brasses de profondeur. La hauteur de l'eau, dans les deux Rivieres, au tems de la marée, est presque la même. Il y a 24 pieds dans la Riviere *de los Reyes* à la pleine & à la nouvelle Lune. La Lune étant au Sud-Sud-Est, y cause le flux qui dans la Riviere *de Haro*, monte jusqu'à 22 pieds & demi, à la pleine & à la nouvelle Lune. Ils avoient avec eux deux Jésuites, dont l'un accompagna le Capitaine Bernardo dans sa découverte, lesquels s'étoient avancez jusqu'au 66 degré de latitude septentrionale dans leurs missions, & avoient fait des Observations fort curieuses.

L'Amiral de Fonte reçut une Lettre du Capitaine Bernardo dattée du 27 Juin 1640, dans laquelle il lui marquoit qu'ayant laissé son Vaisseau dans le lac *Valasco*, entre l'Isle *Bernarda*, & la presqu'Isle *Conibasset*, il descendoit une Riviere qui sort du Lac, & qui a trois cataractes dans l'espace de 80 lieues, & qui tombe dans la mer de Tartarie à 61 degrez ; qu'il étoit accompagné du Pere Jésuite & de 36 Naturels du païs dans 3 de leurs Chaloupes, & 20 Matelots Espagnols ; que la Côte s'étendoit vers le Nord-Est ; que les provisions ne pouvoient pas leur manquer, le païs étant abondant en trois sortes de venaison, & la mer de même que les rivieres, étant fort poissonneusses ; outre qu'ils avoient avec eux du pain, du sel, de l'huile & de l'eau-de-vie, & qu'il feroit tout ce qu'il lui seroit possible pour cette découverte. L'Amiral étoit arrivé à une ville Indienne nommée *Conasset* du côté du midi du lac *Belle*, lorsqu'il reçut cette Lettre du Capitaine Bernardo. C'est un endroit fort agréable où les deux Peres Jésuites étoient restez deux ans dans leur mission. L'Amiral entra dans ce lac avec ses deux Vaisseaux le 22 Juin, une heure avant la haute marée, à 4 ou 5 brasses d'eau, & il n'y avoit ni chute ni cataracte, & en général le lac *Belle* avoit 6 ou 7 brasses d'eau. Il y a une petite cataracte jusqu'à la moitié du flux & une heure & un quart avant la haute marée, le flux commence à entrer doucement dans le lac *Belle*. L'eau de la riviere est douce au Port de *l'Arena*, à 20 lieues de l'embouchure ou de l'entrée de la riviere *de los Reyes*.

Cette riviere, de même que le lac, a en abondance des Saumons, des Truites saumonées, des Brochets, des Mulets & deux autres sortes de poissons qui sont particuliers à cette riviere, & qui sont très-bons. Le lac *Belle* abonde aussi dans ces sortes de poissons qui sont gros & délicats, & l'Amiral de Fonte assure que les Mulets de la riviere *de los Reyes*, & du lac *Belle*, sont plus délicats qu'en aucun autre Port du monde.

Le 1 Juillet 1640, l'Amiral de Fonte ayant laissé le reste de ses Vaisseaux dans le *Lac Belle*, dans un très-bon Port, couvert d'une belle Isle, vis-à-vis la ville de *Conasset*, fit voile jusques dans la riviere de *Parmentiers*, qu'il nomma ainsi en l'honneur de M. *Parmentiers*, l'un des Compagnons de voyage, qui avoit fait une description exacte de tout ce qui étoit dans cette riviere & dans les environs. Nous avons passé, (*c'est toujours l'Amiral qui parle*), huit cataractes qui avoient en tout 32 pieds de hauteur perpendiculaire, depuis la source de la riviere en sortant du *Lac Belle*. La riviere coule dans un grand Lac que j'ai appellé le *Lac de Fonte*, où nous arrivâmes le 6 Juillet. Ce Lac a 160 lieues de longueur sur 60 de largeur; sa longueur s'étend de l'Est-Nord-Est à l'Ouest-Sud-Ouest. Il a 20 & 30 brasses, & même dans quelques endroits 60 brasses de profondeur. Il abonde en morues & merluches des meilleures especes, qui sont larges & fort grasses : il y a dans ce Lac plusieurs grandes Isles & dix petites qui sont couvertes d'arbrisseaux, & où la mousse croît à 6 ou 7 pieds de hauteur, & sert à nourrir en hyver un animal appellé *Moose*, qui est une sorte de Cerf fort grand, & d'autres Cerfs plus petits, comme Daims, &c. Il y a beaucoup de Cerises sauvages, de Fraises, de Mirtilles & de Groseilles sauvages, de même que des Oiseaux sauvages, comme Coqs de Bruyere, Poules de Bois, Coqs d'Inde & Perdrix, & des Oyseaux de mer en quantité, surtout du côté du Sud. Dans ce Lac est une grande Isle très-fertile & bien peuplée, qui produit des bois de charpente excellens, comme Chesnes, Fresnes & Ormes, outre les Sapins qui y sont fort gros & élevez.

Le 14 Juillet nous fîmes voile de la pointe Est-Nord-Est du *Lac de Fonte*, & passâmes un Lac que je nommai *Estrecho de Ronquillo* (détroit de *Ronquillo*) qui avoit 34 lieues de longueur & 2 ou 3 de largeur, sur 20, 26 & 28 brasses de profondeur. Nous passâmes ce détroit en 10 heures de tems par un vent frais, & pendant le tems d'une marée. Faisant voile plus à l'Est le païs devint sensiblement plus mauvais, & tel qu'il se trouve dans l'Amérique septentrionale & méridionale depuis le 36$^{e}$ degré de latitude jusqu'aux extrémitez du Nord & du Sud. La partie occidentale différe non-seulement en fertilité ; mais aussi

aussi en température de l'air, au moins de 10 degrez, & il y fait plus chaud qu'à l'Est, selon la remarque qu'en firent les Espagnols les plus habiles sous le regne de l'Empereur Charles V, & de Philippe III, comme le rapportent Alvarès, à Costa & Mariana, &c.

Le 17 Juillet nous arrivâmes à une ville Indienne dont les habitans dirent à notre Interprête, M. Parmentiers, qu'il y avoit un grand vaisseau peu éloigné de nous dans un endroit où jamais vaisseau n'avoit paru ci-devant: nous fîmes voile vers ce vaisseau & y trouvâmes seulement un homme âgé & un jeune homme. Cet homme étoit le plus capable que j'aye jamais connu dans la partie des Mathématiques qui regarde la Méchanique. Mon second Contre-maître étoit Anglois, & excellent Marinier, de même que mon Canonier, lesquels avoient été faits prisonniers à *Campeche*, aussi bien que le fils du Maître. Ils me dirent donc que ce vaisseau étoit venu de la nouvelle Angleterre d'une ville appellée *Boston*.

Le 30 Juillet le Propriétaire du vaisseau & tout l'équipage vinrent à bord. Le sieur Shapely Capitaine du vaisseau me raconta que le Propriétaire de son vaisseau étoit un très-brave homme, & Major général de la plus grande Colonie qu'il y ait dans la nouvelle Angleterre, nommée *Matechusets*; ainsi je l'ai consideré comme un galant homme, en lui disant que quoique j'eusse reçu ordre de déclarer de bonne prise tous ceux qui chercheroient un passage du Nord-Ouest ou de l'Ouest dans la mer du Sud, je voulois bien cependant les regarder comme des marchands qui trafiquoient avec les naturels du païs, pour avoir des Castors, des Loutres & autres semblables peaux ou fourrures; & comme sur cela, il me fit un petit présent de provisions dont je n'avois pas besoin, je lui fis aussi présent de ma bague de diamant qui me coutoit 1200 piéces de huit, laquelle ce Gentilhomme par modestie eut bien de la peine à recevoir. Je donnai aussi au brave Navigateur le Capitaine Shapely pour ses belles Cartes & Journaux, 1000 piéces de huit, & encore au Propriétaire du Vaisseau Seimor Gibbons, un quarteau de bon vin du Pérou, & 20 piéces de huit à chacun des dix Matelots.

Le 6 Août nous fîmes voile avec un très-bon vent, par le moyen duquel, & à l'aide du courant, nous arrivâmes à la premiere cataracte de la Riviere *de Parmentiers*. Le 11 ayant fait 86 lieues, je me trouvai le 16 Août à la Côte méridionale du *Lac Belle* à bord de nos vaisseaux devant la belle ville de *Conasset*, où nous trouvâmes toutes choses en bon état; les bonnes gens de *Conasset* ayant traité les nôtres avec beaucoup d'humanité pendant notre absence, & le Capitaine Ronquillo ayant répondu par sa conduite à leurs bonnes manieres.

Le 20 Août un Indien m'apporta à *Conasset* sur le *Lac Belle*, une

Lettre du Capitaine Bernardo, dattée du 11 Août, dans laquelle il me mandoit qu'il étoit de retour de ſon Expédition du Nord, & m'aſſuroit qu'il n'y avoit point de communication de la mer Eſpagnole ou Atlantique par le Détroit de *Davis*, parce que les naturels du païs ayant conduit un de ſes matelots à la tête du Détroit de *Davis*, il l'avoit vû terminé par un Lac d'eau douce d'environ 30 milles de circuit, ſur le 80$^{e}$ degré de latitude ſeptentrionale; qu'il y avoit des montagnes prodigieuſes vers le Nord, & qu'au Nord-Oueſt du Lac il y avoit de la glace qui s'étendoit en mer juſqu'au terme de cent braſſes de hauteur d'eau; que cette glace pouvoit bien y avoir été depuis la création du monde; vû que les hommes ne connoiſſent que fort peu des ouvrages admirables de Dieu, particulierement vers les Pôles du Nord & du Sud. Il ajoûtoit qu'il avoit fait voile de l'Iſle *Baſſet* au Nord-Eſt, & Eſt-Nord-Eſt, au Nord-Eſt un quart à l'Eſt juſqu'au 79 degré de latitude, où il avoit remarqué que la terre s'étendoit au Nord, & que la glace reſtoit ſur la terre.

Je reçus après une ſeconde Lettre du Capitaine Bernardo dattée de *Minhauſet*, par laquelle il me mandoit qu'il étoit arrivé le 29 Août au Port de l'*Arena*; ayant monté 20 lieues de la Riviere *de Los Reyes*, & qu'il y attendoit mes ordres : ayant donc bonne proviſion de gibier & de poiſſon que le Capitaine Ronquillo avoit fait ſaler en mon abſence, comme je le lui avois ordonné, de même que cent tonneaux de bled d'inde ou mays, je fis voile le 2 Septembre 1640 accompagné de quelques habitans de *Conaſſet*, & le 5 du même mois je jettai l'ancre entre *Porto de l'Arena & Minhauſet*, dans la Riviere *de Los Reyes* : enſuite deſcendant cette Riviere, je me ſuis trouvé dans la partie Nord-Eſt de la mer du Sud; & nous nous en ſommes retournez dans notre païs, ayant trouvé qu'il n'y avoit point de paſſage dans la mer du Sud, par celui que l'on appelle le Paſſage du Nord-Oueſt.

La Carte démontrera le tout plus clairement.

*Fin de la Lettre de l'Amiral de Fonte.*

---

*EXTRAIT des Regiſtres de l'Académie Royale des Sciences, du 23 Janvier 1751.*

Nous avons examiné, par ordre de l'Académie, trois Piéces que Monſieur de l'Iſle propoſe de publier ſous le Privilége de la Compagnie, avec ſa nouvelle Carte des Découvertes faites au Nord & à l'Oueſt de l'Amérique.

La premiere de ces Piéces eſt un Mémoire que Monſieur de l'Iſle a lû dans une Aſſemblée publique de l'Académie, où il expoſe les Découvertes que les Ruſſes ont faites au Nord & à l'Orient de la Tartarie, au Nord & à l'Occident de l'Amérique.

La ſeconde eſt une Relation du Voyage de l'Amiral de Fuente, fait par ordre de la Cour d'Eſpagne en 1640. pour découvrir les Communications de la Mer du Sud à l'Océan par le Nord de l'Amérique : C'eſt la Traduction d'un Manuſcrit Anglois, dont le contenu ſeroit très-important, ſi cette Relation étoit autentique.

La troiſiéme Piéce eſt un Avertiſſement dans lequel Monſieur de l'Iſle annonce des Cartes générales & particulieres de la Ruſſie, avec le détail des Obſervations Aſtronomiques qui leur ſervent de fondements : Cartes qu'il ſe propoſe de rendre plus exactes & plus complettes que celles qui ont été dernierement publiées en Ruſſie, quoique dreſſées ſur un Plan qu'il avoit donné, & d'après des Mémoires qu'il avoit raſſemblés lui-même à Petersbourg.

Tous ces objets nous paroiſſent intéreſſants pour le Public; & nous penſons que les Mémoires qui les expoſent, méritent d'être imprimés. *Signé* MARALDI DE MONTIGNY.

Je certifie le préſent Extrait conforme à ſon Original, & au jugement de l'Académie. A Paris ce 27 Janvier 1751.

GRANDJEAN DE FOUCHY, *Sécret. Perpt. de l'Acad. Royale des Sciences.*

www.ingramcontent.com/pod-product-compliance
Lightning Source LLC
LaVergne TN
LVHW021636170726
843501LV00007B/2259
*9782329654706*